▶2巻27ページ ▶1巻36ページ ▶1巻13ページ ▶3巻19ページ

▶3巻23ページ ▶2巻21ページ ▶3巻14ページ ▶1巻19ページ

▶2巻9ページ ▶3巻15ページ ▶1巻17ページ ▶3巻36ページ

▶3巻41ページ ▶1巻29ページ ▶2巻10ページ ▶3巻28ページ

▶2巻11ページ ▶2巻4ページ ▶2巻14ページ ▶1巻14ページ

JN209218

▶1巻13ページ ▶3巻33ページ ▶2巻44ページ ▶3巻35ページ

電車の図鑑
でんしゃのずかん
2

特急列車
とっきゅうれっしゃ

監修・坂 正博　写真・松本正敏

電車の図鑑❷ 特急列車 もくじ

この本で紹介する特急列車とは、観光用などにつかわれ、特急料金が発生する列車を指します。都市部を走る通勤特急などはふくみません。本文中に出てくる地名は、一部をのぞいて駅名を示します。また、この本の中で紹介する車両は、全国を走るすべての特急列車ではありません。

JR北海道の特急列車

とても広い北海道の大地には、大都市の札幌や旭川などを中心に、高速で走る電車の特急や、カーブが得意な気動車の特急列車がたくさん走っています。

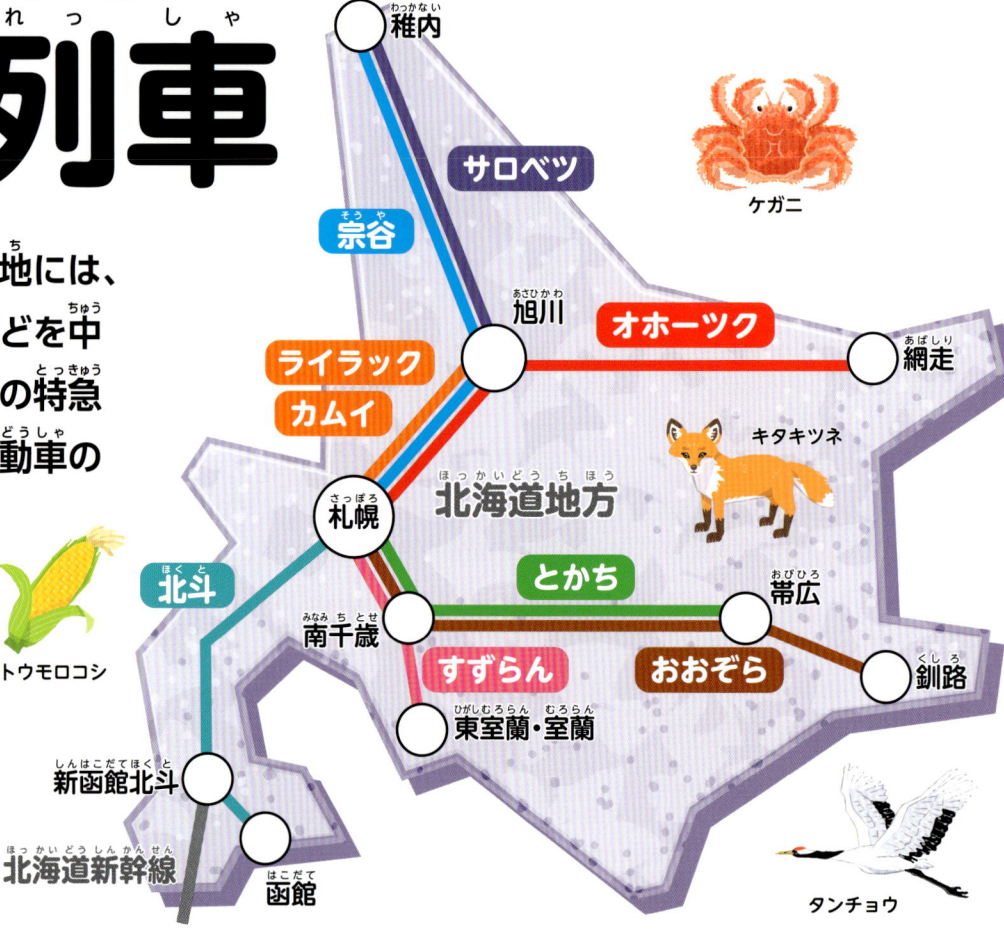

稚内

サロベツ

宗谷

ケガニ

旭川

ライラック
カムイ

オホーツク

網走

キタキツネ

北海道地方

札幌

とかち

帯広

北斗

すずらん

おおぞら

釧路

南千歳

東室蘭・室蘭

トウモロコシ

新函館北斗

北海道新幹線

函館

タンチョウ

函館本線・789系
ライラック

◀北海道の代表的な都市、札幌と旭川をむすんで走る函館本線の特急列車です。写真の0番台は、北海道新幹線が開通する前、青函トンネルを在来線最速の140kmで走っていました。

函館本線・789系
カムイ

▶ライラックと同区間を走るカムイ。こちらは1000番台です。

宗谷本線ほか・キハ261系

宗谷

◀札幌と日本でいちばん北にある稚内をむすんで走る気動車の特急列車です。全国の気動車の中でも、もっとも強力なエンジンをそなえ、力強い走りをします。

宗谷本線・キハ261系

サロベツ

▲こちらは旭川と稚内をむすぶ、同じ形式の「サロベツ」です。

ここに注目! 👉 「キハ」ってなに?

車両の名前につくカタカナの表記には、下のような意味があります。

ク…運転台がある
モ…モーターがついている
サ…モーターも運転台もない
ロ…グリーン車
ハ…普通車
キ…気動車
ネ…寝台車

気動車は、電気ではなく、軽油で走るディーゼルカーです。「キハ」とは、気動車の普通車のことを指します。

石北本線・キハ283系

オホーツク

▶札幌と網走をむすんで走ります。キハ283系はキハ281系を改良した特急列車で、吹雪の中でも前が見やすいように、ヘッドライトの数を281系より多くするなどのくふうをしています。

▲こちらは札幌と帯広をむすぶ、同じ形式の「とかち」です。

石勝線ほか・キハ261系
おおぞら

▲帯広を経由し、北海道中部を横断する石勝線をとおって、札幌と釧路をむすぶ特急列車です。峠の上り下りやカーブに強い車両です。

室蘭本線ほか・785系
すずらん

◀札幌と東室蘭・室蘭をむすんで走る特急列車です。785系は、札幌と新千歳空港間を走っていた快速「エアポート」にも使用され、長く北海道で活やくしている車両です。ほかに789系1000番台も走っています。

函館本線ほか・キハ261系
北斗

▶札幌と函館をむすんで走る気動車の特急列車です。途中の新函館北斗駅では、朝夕をのぞいてほとんどの列車が北海道新幹線と接続しています。

函館本線ほか・キハ261系
ラベンダー編成

◀キハ261系5000番台を使用した
ビジネス型特急です。全席にWi-Fi
の設備と電源コンセントがあります。
写真のラベンダー編成は、おもに札
幌～富良野間を走ります。ほかに札
幌～函館間を走る「はまなす編成」
もあります。

JR北海道の季節観光列車

多くの観光客があつまる北海道には、いろいろなタイプの観光列車が走っています。特に道東の
釧路湿原には、季節によって個性的な観光列車が見られます。その一部を見てみましょう。

SL冬の湿原号

◀雪景色の釧路湿原の観光のため
に、釧路～標茶間を冬の間だけ走
るSLです。列車を引っぱるのは
C11形蒸気機関車です。車内に
するめを焼いて楽しめるストーブ
がもうけられています。

くしろ湿原ノロッコ号

▶こちらは夏の釧路湿原観光用のトロ
ッコ列車です。釧路から塘路・川湯温
泉の間を走ります。トロッコ列車は、
ほかに富良野線などでも活やくしてい
ます。※2025年度で運行終了が発表されています。

7

JR東日本の特急列車

東北地方から関東、甲信越までカバーするJR東日本では、特急列車はすべて電車です。新幹線なみの大きさの座席をそなえ、カーブでも乗りごこちをよくしています。

つがる

青森

秋田

いなほ

稲穂

ねぶた

東北地方

なまはげ

こけし

仙台

ひたち

新潟

しらゆき

イチゴ

東武日光

鬼怒川温泉

高萩

新井

長野原草津口

日光

きぬがわ

ときわ

南小谷

あずさ

高崎

草津・四万

あかぎ

大宮

関東地方

そば

松本

ダルマ

上野

成田エクスプレス

成田空港

甲府

中部地方

かいじ

新宿

東京

千葉

銚子

富士回遊

品川

しおさい

湘南

横浜

わかしお

河口湖

さざなみ

富士山

小田原

君津

踊り子

サフィール踊り子

安房鴨川

伊豆急下田

※それぞれ代表的な区間を示しています。

8

東海道線ほか・E257系
踊り子

◀東京や新宿と伊豆急行線の伊豆急下田をむすんで走ります。E257系は、JR東日本でもっとも多く製造された特急型の車両で、踊り子につかわれている2000番台は、最初は中央線の「あずさ」「かいじ」として登場しました。

東海道線ほか・E261系
サフィール 踊り子

▲こちらも東京や新宿と伊豆急行線の伊豆急下田をむすんで走る特急で、2020年に、それまでの人気列車「スーパービュー踊り子」に代わって登場しました。全車がグリーン車というリゾート型の列車で、全ての車両が光が入る天窓つきです。

▶全席を海側に向け、ゆったりとながめを楽しむことができるプレミアムグリーン車。

◀カフェのようなグリーン個室。

あずさ

▲東京や新宿と、長野県の松本や南小谷をむすんで走っています。E353系は、中央本線向けに登場した特急型で、空気ばねで車体をかたむけることによって、カーブをスムーズに曲がることができる、乗りごこちのよい車両です。

かいじ

▲東京や新宿と、山梨県の甲府をむすんで走ります。E353系は、長野県や山梨県のほか、東京西部からすわって通勤できる中央本線のライナー特急「はちおうじ」や「おうめ」にもつかわれています。

総武本線・E259系

成田エクスプレス

▲新宿や神奈川県の大船と、千葉県の成田空港をむすんで走っています。E259系は「成田エクスプレス」専用にデビューしました。全席に大型のテーブルや電源コンセントがついています。2023年から車体のデザインが新しくなっています。

高崎線ほか・E257系

あかぎ

▲上野と群馬県の高崎をむすんで走っています。平日のみ一部新宿が起点となる列車もあります。平日に「スワローあかぎ」として運行されていた時期もありましたが、現在は「あかぎ」に統一されました。

草津・四万

▶特急「あかぎ」と同じように、上野などから東北本線、高崎線をとおり、さらに吾妻線を経由して群馬県の長野原草津口まで走っています。1号車と5号車に荷物置き場がもうけられています。

わかしお

◀京葉線、外房線をとおって、東京と千葉県の安房鴨川をむすんで走っています。先頭車の黄色は、千葉県の観光地でよく見られる菜の花をイメージしています。

さざなみ

▶京葉線、内房線をとおって、東京と千葉県の君津をむすんで走っています。「わかしお」とともに2024年から全席指定となりました。写真は、新宿と千葉県の館山の間を週末に走る「新宿さざなみ」です。

総武本線・E259系
しおさい

▲東京と千葉県の銚子をむすんで走っています。自由席がある数少ない特急でしたが、2024年に全席指定になりました。「成田エクスプレス」と同じ、写真のE259系のほかに、房総方面の特急と同じE257系もつかわれています。

東北本線ほか・253系
きぬがわ

▲JR東日本と東武鉄道が運行する特急列車で、新宿と栃木県の鬼怒川温泉をむすんでいます。253系は、「成田エクスプレス」の初代車両を改造したもので、乗りごこちなどがアップしています。ほかに新宿と東武日光をむすぶ同じ形式の「日光」も走っています。

ひたち

▶常磐線をとおって、東京の品川と福島県のいわき、宮城県の仙台などをむすんで走っています。E657系は、最高時速130kmで走りますが、ゆれや騒音をおさえ、乗りごこちのいい車両です。

ときわ

◀同じく常磐線などを走る特急列車で、品川と茨城県の高萩をむすんでいます。こちらもE657系で、車体に沿線の名物、水戸の梅をイメージした赤いラインが引かれています。

つがる

▶青森と秋田をむすんで走っています。同じ区間で、止まる駅の少ない「スーパーつがる」も運行されています。このE751系は、盛岡～青森間で「スーパーはつかり」としてデビューしました。当初は6両編成でした。

羽越本線ほか・E653系
いなほ

▲新潟と秋田をむすんで日本海に沿って走っています。車体には日本海にしずむ夕日がデザインされています。E653系は、常磐線を走っていた「フレッシュひたち」を、雪の多い路線用に改造した車両です。

信越本線ほか E653系
しらゆき

▲新潟から、北陸新幹線が止まる上越妙高を経由して新潟県の新井まで、日本海沿いを走っています。車体に日本海の青とあかね雲の赤がデザインされています。座席がゆったりとしたつくりになっています。

東日本・中部地方の楽しい観光列車

東北地方から関東地方、中部地方をふくむ広いエリアには、変化にとんだ地形や海岸などの景色を楽しむことができる、いろいろなタイプの観光列車が走っています。

▼青池編成

▲橅編成

▲くまげら編成

五能線ほか・HB-E300系ほか

リゾートしらかみ

▲秋田県と青森県の間を走る観光列車です。ディーゼルとモーターの両方で走るハイブリッド車などがつかわれています。日本海の風景や、沿線の木をつかった車内のインテリア、伝統芸能などを楽しむことができます。青池、橅、くまげらの3種類の編成があります。

磐越西線・C57 180

SLばんえつ物語

◀新潟県の新津と福島県の会津若松の間をシーズン中の週末に走るSLの観光列車です。車内には展望車やプレイルームなどがあり、楽しくすごすことができます。C57 180は「貴婦人」とよばれ、人気のある蒸気機関車です。

八戸線・キハ110系

TOHOKU EMOTION

▶青森県の八戸と岩手県の久慈をむすんで走る臨時の観光列車です。広い窓から太平洋の景色を楽しみながら、ランチをとることができます。

海里
かいり

◀新潟と山形県の酒田をむすんで走る観光列車です。4両編成のうち、1両が食事専用のダイニング車になっていて、新潟県と山形県の景色と食を楽しむことができます。

信越本線ほか・キハ40形/48形

越乃Shu*Kura
こしの シュ クラ

▲新潟県の上越妙高と十日町をむすんで走っています。新潟県の酒造会社が協力し、車内で料理とともに日本酒を味わえることが特ちょうのひとつになっています。

しなの鉄道・115系

ろくもん

◀長野と軽井沢をむすんで走る観光列車です。長野県の木材をたくさんつかった和風の車内で、景色や食事を楽しめます。名前は上田の武将・真田氏の家紋「六文銭」からとっています。

えちごトキめき鉄道・ET122形

えちごトキめきリゾート雪月花
せつげつか

▶新潟県の上越妙高と糸魚川をむすんで走るリゾート列車です。新幹線のグランクラスよりも座席のはばが広く、ゆったりと列車の旅を楽しむことができます。

JR東海の特急列車

JR東海は、主力の東海道新幹線との乗りかえが便利な特急列車が走っています。どの列車も座席の窓が大きくつくられ、2022年までは車両名に「ワイドビュー」がついていました。

富山
合掌造り
中部地方
ひだ
高山
長野
しなの
ぶどう
近畿地方
岐阜
甲府
名古屋
名古屋城
ふじかわ
←新大阪
南紀
飯田
富士
伊那路
新宮
豊橋
静岡
東海道新幹線
→東京
紀伊勝浦

※それぞれ代表的な区間を示しています。

中央本線ほか・383系

しなの

▲名古屋と長野をむすんで走ります。383系は、カーブ区間が多い中央本線などを、快適に走るために開発された乗りごこちのいい車両です。先頭車は展望を楽しめるように大きな窓になっています。

東海道線ほか・373系
ふじかわ

◀東海道線・身延線などをとおって、静岡と山梨県の甲府をむすんで走っています。373系は、ゆったりとした座席と、まわりの景色がよく見える、特に大きな窓が特ちょうの車両です。

飯田線・373系
伊那路

▶愛知県の豊橋と長野県の飯田をむすんで走っています。車両は「ふじかわ」と同じ373系で、3両編成で走ります。

高山本線ほか・HC85系
ひだ

◀名古屋と富山、大阪と岐阜県の高山などをむすんで走っています。HC85系は、エンジンとモーターの両方で走るハイブリッド方式の新しい車両で、2022年にそれまでのキハ85系に代わって登場しました。

関西本線ほか・HC85系
南紀

▶名古屋と和歌山県の新宮・紀伊勝浦をむすんで走っています。車両はHC85系で、「HC」とはハイブリッド方式のことをあらわします。

JR西日本の特急列車

JR西日本は、中部地方から近畿、中国地方まで、西日本を幅広くカバーしています。京都や大阪などを中心に、多くの特急列車が行き来しています。

松葉ガニ

能登かがり火

恐竜

スーパーまつかぜ

和倉温泉

北陸新幹線

金沢

倉吉　鳥取　城崎温泉　豊岡　はしだて

敦賀

東舞鶴

米子

益田　出雲市

サンライズ出雲

スーパーいなば

スーパーはくと

はまかぜ

こうのとり

福知山

まいづる

きのさき

金閣寺

サンダーバード

しらさぎ

中部地方

スーパーおき

中国地方

やくも

桃

通天閣

新山口

東海道・山陽新幹線

岡山　姫路　大阪　新大阪　京都　米原　名古屋　→東京

野洲

サンライズ瀬戸

はるか

近畿地方

くろしお　新宮

高松　四国地方　関西空港

※それぞれ代表的な区間を示しています。

東海道線ほか・281系＋271系

はるか

▲滋賀県の野洲や京都、関西空港をむすんで走っています。281系は関西国際空港開港と同時に登場した「はるか」専用の車両で、271系も連結して走ります。スーツケース用の大きな荷物置き場がもうけられています。

東海道線ほか・285系

サンライズ出雲・瀬戸

▲東京と島根県の出雲市、または香川県の高松をむすんで走る寝台特急です。東京〜岡山間は連結していっしょに走っています。寝台料金のかからない「ノビノビ座席」のほか、さまざまなタイプの寝台個室があります。

伯備線ほか・273系

やくも

▲岡山と出雲市をむすんで走っています。国鉄時代から活やくした381系に代わり、2024年に写真の273系が新しく登場しました。車体の色は「やくもブロンズ」とよばれ、宍道湖の夕日などをイメージしています。

スーパーおき

◀鳥取と山陽新幹線の新山口をむすんで走っています。北海道をのぞいて、気動車の特急としてはもっとも長い378.1kmを、キハ187系がおよそ5時間20分かけて走ります。

山陰本線・キハ 187 系

スーパーまつかぜ

▶鳥取と島根県の益田をむすんで走っています。キハ187系は、上り下りが多い山陰本線に対応した強いエンジンをもつ車両で、急カーブもなめらかに走ることができます。

山陽本線ほか・キハ 187 系

スーパーいなば

◀山陽本線や智頭急行線などをとおって、鳥取と岡山をむすんで走っています。同じく全列車がキハ187系です。この名前は鳥取東部の古いよび名からきています。

智頭急行線ほか・HOT7000 系

スーパーはくと

▶智頭急行の車両で、大阪や姫路をとおって、京都と鳥取県の倉吉をむすんで走っています。HOT7000系は最高時速130kmで走り、カーブにも強い気動車です。

山陽本線ほか・キハ189系

はまかぜ

▶大阪から兵庫県の姫路や日本海側の豊岡をとおり、鳥取まで走っています。キハ189系のカラーは、ステンレスの地色とあかね色の組み合わせです。

山陰本線・287系/289系

きのさき

▶京都と兵庫県の城崎温泉をむすんで走っています。写真の287系のほかに289系も運転されています。どちらも窓の下に赤いラインが入っています。また、京都と豊岡をむすぶ「はしだて」と、京都と東舞鶴をむすぶ「まいづる」も同じ形式で運行されています。

福知山線ほか・287系/289系

こうのとり

◀京都府の福知山をとおり、新大阪と兵庫県の城崎温泉をむすんで走っています。こちらも写真の289系のほかに287系も運転されています。車両名は、沿線の豊岡市で保護活動が行われている鳥のコウノトリにちなんだものです。

七尾線ほか・683系
能登かがり火

▶石川県の金沢と能登半島の七尾や和倉温泉をむすんで走っています。能登の祭りでつかわれるかがり火からとった名前です。683系は、軽くてじょうぶなアルミ合金を車体につかっています。

北陸本線ほか・681系
しらさぎ

▶滋賀県の米原をとおって、名古屋と北陸新幹線の終点、福井県の敦賀をむすんで走っています。681系は、右の写真のような流線形と、連結したときに人が前後に行き来できる箱型の2種類の先頭車があります。

北陸本線ほか・683系
サンダーバード

◀大阪と敦賀をむすんで走っています。むかしは大阪と富山をむすぶ高速の特急列車でしたが、北陸新幹線の敦賀開業にともなって、今は大阪～敦賀間の1時間半ほどを、1日に25往復しています。写真は683系の箱型の先頭車です。

くろしお

▲京都から新大阪をとおって和歌山県の新宮まで走っています。2023年から大阪もとおるようになりました。全部で3種類の系統があり、上はカーブ走行がとくいな283系「くろしお」です。紀伊半島をイメージしたさわやかなカラーで、むかし「オーシャンアロー」とよばれていました。

◀左は289系で、もと北陸本線の特急「しらさぎ」で活やくしていた683系を改造した車両です。「こうのとり」などと似ていますが、窓の下のラインがオーシャングリーンになっていることで区別がつきます。

▶右は287系で、多くのジャイアントパンダが飼育されているアドベンチャーワールドにちなんだラッピング車両です。「パンダくろしお」として親しまれています。

西日本の楽しい観光列車

JR西日本が運行する列車をはじめ西日本の各地にも、週末を中心に個性的で楽しい観光列車が走っています。その一部を見てみましょう。

西日本周遊・117系改造
WEST EXPRESS 銀河

▲鉄道の旅を気軽に楽しめる列車として登場した新しいタイプの特急列車です。昼間は座席、夜は寝台になるシートや、ファミリー向け個室など、いろいろなタイプの座席が用意されています。京都から和歌山県の新宮をめぐる紀南ルート（上の写真）や、山陰ルート、山陽ルートなどがあります。

七尾線ほか・キハ48形（改造）
花嫁のれん

◀石川県の金沢と能登半島の和倉温泉をむすんで走る観光列車です。名前は能登につたわる嫁入り道具のひとつで、乗客に幸せになってほしいというねがいがこめられているといいます。車内では、金沢の料亭が手がけたおいしい食事を楽しむことができます。
（2024年1月の能登半島地震により、2024年11月現在運休中）

山口線・D51形/C57形

SLやまぐち号

▲新山口と「山陰の小京都」津和野をむすび、約63kmの道のりをおよそ2時間かけて走る観光用の蒸気機関車です。「デゴイチ」のD51形や「貴婦人」とよばれるC57形が引っぱります。レトロなふんいきの車内には、SLのしくみや歴史を展示するスペースもあります。

▲SLやまぐち号の35系客車。

JR四国の特急列車

JR四国の特急列車は、急な坂や急カーブが多い地形の中を走ります。そのため、空気ばねをつかうなど、車体にカーブを快適に走るくふうがされています。

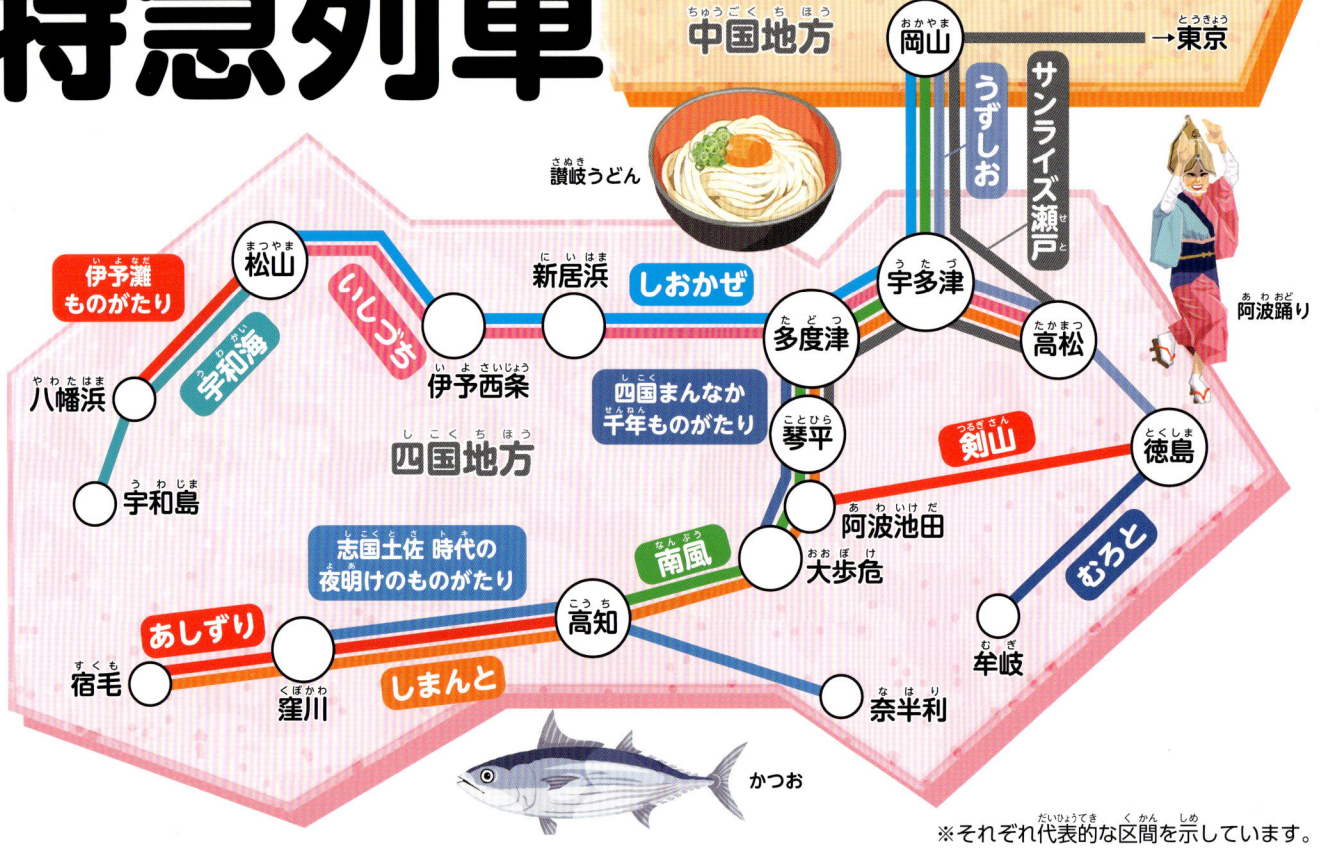

讃岐うどん

中国地方 岡山 →東京

うずしお

サンライズ瀬戸

阿波踊り

伊予灘ものがたり

松山 新居浜 しおかぜ 宇多津

いしづち

宇和海

多度津 高松

伊予西条

八幡浜

四国地方

四国まんなか千年ものがたり

剣山 徳島

宇和島

琴平

志国土佐 時代の夜明けのものがたり

阿波池田

南風

大歩危

むろと

あしずり

高知

牟岐

宿毛

窪川

しまんと

奈半利

かつお

※それぞれ代表的な区間を示しています。

予讃線ほか・8600系
いしづち

▲香川県の高松と愛媛県の松山をむすんで走っています。宇多津〜松山間は「しおかぜ」（後方の車両）と連結して走ります。8600系は予讃線の最新型車両で、蒸気機関車をイメージしたデザインです。

予讃線ほか・8000系
しおかぜ

▲瀬戸大橋線をとおって、岡山と松山をむすんで走っています。宇多津～松山間は「いしづち」と連結運転されています。8000系は四国で初めての特急電車車両です。右のアンパンマン列車も人気があります。

予讃線ほか・N2000系
宇和海

▲四国の西側にある宇和海の海岸をとおって松山と宇和島をむすんで走っています。N2000系は、8000系と同じ、最高時速130kmでの運転を目的に、2000系を改良してつくられた車両です。

うずしお

▲瀬戸大橋線をとおって、岡山と徳島をむすんで走っています。2700系は最高時速130kmの高速車両で、安定した走りをします。写真は「南風」の「きいろいアンパンマン列車」を連結して走っているところです。

南風

▲おもに、四国のけわしい山地を南北につらぬく土讃線をとおり、岡山と高知をむすんで走っています。カーブ走行がとくいな2700系がつかわれています。下の写真は南風の「あかいアンパンマン列車」です。

JR四国の楽しい観光列車

JR四国では、海や山の変化にとんだ地形や、数々の歴史の舞台となった四国をイメージした個性的な観光列車が走っています。大きな窓いっぱいにひろがる風景やおいしい食事がとても人気です。

伊予灘ものがたり

◀四国の北西側にある伊予灘の景色を見ながら、松山と八幡浜をむすんで走る観光列車です。窓が大きく、ゆったりと旅を楽しめるほか、豪華な食事や沿線のいろいろなおもてなしも楽しみです。

四国まんなか千年ものがたり

▶四国のまん中、香川県の多度津と徳島県の大歩危の間を、週末に一往復します。大歩危小歩危などダイナミックな風景や、豪華な食事を楽しむことができます。車両はキハ185形の改良型で、大きな窓やレストランのような室内がじまんです。

志国土佐 時代の夜明けのものがたり

◀幕末の歴史の舞台・高知をイメージした観光列車です。高知と窪川をむすんで週末を中心に走ります。未来がテーマの白い車両と、「黒船」がテーマの濃い茶色の車両の2両で、中間に幕末の志士・坂本龍馬がえがかれています。

JR九州の特急列車

JR九州の特急列車は、つくりが個性的で人気があります。海や山の変化にとんだ地形の中を、かっこいい外観やおしゃれな内装の列車が走りぬけます。

とんこつラーメン

きらめき

門司港

小倉

博多

直方

山陽新幹線

かいおう

ソニック

佐世保

みどり

リレーかもめ

武雄温泉

ハウステンボス

ハウステンボス

佐賀

新鳥栖

別府

かささぎ

備前鹿島

久留米

ゆふ

ゆふいんの森

由布院

大分

にちりん（にちりんシーガイア）

長崎

西九州新幹線

かんぱち・いちろく

九州新幹線

九州地方

佐伯

延岡

ひゅうが

熊本城

あそぼーい！

宮地

A列車で行こう

熊本

九州横断特急

宮崎

カステラ

三角

鹿児島中央

きりしま

宮崎空港

指宿のたまて箱

指宿

桜島

南郷

海幸山幸

※それぞれ代表的な区間を示しています。

ゆふいんの森

◀まわりの山の景色が見やすいように、床を高くしたハイデッカー車で、博多と大分県の由布院・別府をむすんで走っています。写真はキハ72系で、キハ71系とよくにていますが、先頭車の窓の形などにちがいがあります。

久大本線ほか・キハ185系

ゆふ

▲博多と由布院、大分をむすんで走っています。車両は国鉄時代に四国の特急列車としてつくられたキハ185系です。

久大本線ほか・2R形

かんぱち・いちろく

▶久留米や由布院をとおって博多と大分・別府をむすんで走る、団体専用の特急列車で、全車がグリーン車で運行されています。博多発の下りが「かんぱち」、大分発の上りが「いちろく」で、九州の鉄道づくりに活やくした人の名前にちなんでいます。

鹿児島本線・787系

きらめき

◀福岡県の門司港と博多をむすんで走っています。北九州の大きな都市をつなぎ、多くの通勤客をはこんでいます。車両は写真の787系のほかに、783系や885系もつかわれています。

長崎本線ほか・885系

かささぎ

▶西九州新幹線の開業に合わせ、博多などと佐賀や肥前鹿島をむすんで走りはじめました。写真の885系はカーブ走行がとくいです。一部に本革の座席がつかわれて豪華な車内になっています。

長崎本線ほか・787系/885系

リレーかもめ

◀こちらも西九州新幹線の開業にともない、博多などと佐賀県の武雄温泉をむすんで走りはじめました。武雄温泉駅では、西九州新幹線「かもめ」と同じホームで乗りかえができます。787系（左）と885系（下）があります。

長崎本線ほか・クロハ782形ほか

みどり

▶博多と長崎県の佐世保をむすんで走っています。もと中間車を先頭車に改造した写真のクロハ782形100番台のほか、783系や885系も活やくしています。

ハウステンボス

◀1992年のハウステンボス開業のときから、博多と長崎県のハウステンボス駅をむすんで走りつづけています。写真の783系は、ハウステンボス開園25周年に合わせて塗装されたリニューアル車で、車内も個性的なつくりです。

▶カラフルなハウステンボスの普通車の座席。

日豊本線・883系/885系

ソニック

▶大分をとおって、博多と大分県の佐伯をむすんで走っています。右の写真はブルーメタリックの車体の色が人気の883系で、スピードを落とさずにカーブを曲がります。

◀「白いソニック」として活やくする885系。

日豊本線ほか・787系

にちりん

◀大分と宮崎空港などをむすんで走る特急列車です。4両編成と6両編成の2種類の列車が運行されています。また、博多発着の列車は、「にちりんシーガイア」の名前でよばれています。

きりしま

◀宮崎や鹿児島県の国分と、九州新幹線と接続する鹿児島中央をむすんで走る特急列車です。写真の787系が4両編成で走っています。

あそぼーい！

▶「親子で楽しむ鉄道の旅」をテーマにした臨時の特急列車です。2025年3月からは、熊本と熊本県の宮地をむすんで走ります。車窓からは阿蘇の山なみがよく見えます。

九州横断特急

◀熊本と別府をむすんで走る特急列車で、赤一色のあざやかな車体が目を引きます。「あそぼーい！」が運行される日は、こちらは一部が運休になります。

JR九州の楽しい観光列車

JR九州では、雄大な自然を楽しめる多くの観光列車が走っています。なかには、とても豪華な車両がつかわれている周遊型の観光列車も活やくしています。

指宿枕崎線・キハ47形

指宿のたまて箱

▲黒と白にぬり分けられた車体が特ちょう。車内にはスギの木がつかわれているほか、いろいろなシートが楽しめます。

西九州周遊・キハ40系/キハ47系

ふたつ星4047

▲西九州の海の景色を楽しむ周遊型の観光列車。武雄温泉と長崎を、有明海側と大村湾側の2つのルートでむすんで走ります。

日南線ほか・キハ125形

海幸山幸

▲日南海岸につたわる神話をテーマにした観光列車。もと高千穂鉄道を走っていたトロッコ列車を改造してつくられました。

三角線ほか・キハ185系

A列車で行こう

▲週末や夏休み期間などに、熊本と三角をむすんで走ります。ジャズや飲みもの、海辺の景色で大人の旅を楽しめる列車です。

九州周遊・787系

36ぷらす3

▶博多を起点にして、5日間をかけて九州を一周する観光列車です。787系を改造した車内はとても豪華なつくりで、ビュッフェ車があるほか、靴をぬいで上がる畳の個室などももうけられています。

乗ってみたいな! 超豪華寝台列車

2013年の「ななつ星 in 九州」以来、日本各地でとても豪華な車両に宿泊できるクルーズ列車の旅が本格的にはじまりました。JR3社による代表的な超豪華列車を見てみましょう。

JR東日本・E001形
TRAIN SUITE 四季島

▶JR東日本の周遊型の超豪華な寝台列車です。上野駅を発着し、東日本の各地をまわります。1泊2日から北海道などをふくむ3泊4日のコースもあります。

JR西日本・87系
TWILIGHT EXPRESS 瑞風

◀JR西日本が京都〜下関間で運行しています。山陽や山陰をめぐる1泊2日と2泊3日のコースがあり、沿線の観光地、食や伝統文化にふれる旅ができます。

▶1号車と10号車は大きな窓とガラスばりの天井がある展望車。

JR九州・DF200形/77系客車
クルーズトレイン ななつ星 in 九州

▶日本に初登場したJR九州のクルーズトレインです。博多を起点にして九州の7つの県をまわる3泊4日のコースと、1泊2日のコースがあります。各部屋にシャワー・トイレがつき、いちばん後ろのDXスイートルームは後方の壁が大きなガラス窓になっています。

私鉄の特急列車と観光列車

関東・甲信の私鉄特急と観光列車

会津田島

湯田中

東武日光　鬼怒川温泉

スノーモンキー

長野

リバティ

スペーシアX

西武秩父

Laview

西武池袋　ほか　浅草　成田空港

52席の至福

京成上野

スカイライナー

富士山ビュー特急

大月

河口湖

新宿

ロマンスカー

小田原

横浜

箱根湯本

The Royal Express

伊豆急下田

※それぞれ代表的な区間を示しています。

JRだけではなく、全国の私鉄でも個性的な特急列車や観光列車がたくさん走っています。スピードじまんや豪華な座席、ゆきとどいたサービスなど、いろいろに楽しめる私鉄特急を紹介します。

小田急・70000形
ロマンスカー GSE

▲新宿と神奈川県の小田原や箱根湯本などをむすんで走っています。GSEとは「優雅な特急」という意味のことばです。70000形はダイナミックな風景を楽しめるのがじまんで、特に先頭車は前面が大きな一枚窓になっています。

▲前面も側面もとても窓が大きな展望車。

ロマンスカー
MSE
（エム エスイー）

◀東京メトロ千代田線に乗り入れ、東京のビジネス街と小田原や箱根湯本をむすんで走っています。長時間でも快適な座席で、ビジネスマンの利用も多い特急列車です。MSEとは「多彩な運行ができる特急」という意味です。

京成・AE形（けいせい・エーイーがた）

スカイライナー

▲京成上野と成田空港をむすんで走っています。現在のAE形は、新幹線以外では国内最速の最高時速160kmで走行し、日暮里〜空港第２ビル間を、最速36分で走ります。空港を利用する旅行者のために、大きめの荷物置き場がもうけられています。

西武・001系（せいぶ・001けい）

Laview
（ラ ビュー）

◀西武池袋と西武秩父をむすぶ「ちちぶ」などにつかわれています。「いままでに見たことのない新しい車両」をめざしてつくられ、運転席や客室の窓などが独特な形になっています。

▶普通席も個性的なラビュー。

西武・52型

52席の至福

▶西武池袋や西武新宿と西武秩父をむすんで、週末や祝日に運行される、豪華な食事を楽しめる観光列車です。定員が52人で、ブランチコースとディナーコースがあります。

東武・500系

リバティ

◀浅草と東武日光をむすぶ「リバティけごん」、浅草と鬼怒川温泉をむすぶ「リバティきぬ」、浅草と会津田島をむすぶ「リバティ会津」などがあります。500系は通勤客向けにネットワーク環境がととのった車両で、車両の連結や分割も可能です。

東武・N100系

スペーシアX

▶浅草と日光方面をむすんで走っていた「スペーシア」を大幅にリニューアルした車両です。広々とした「コックピットスイート」をはじめ、全部で6種類の座席があり、ゆったりと列車の旅を楽しめます。外観は江戸の竹細工をイメージしています。

◀カフェカウンターもある1号車のコックピットラウンジ。

The Royal Express
エクスプレス

▶横浜と伊豆急下田などをむすんで走る豪華な観光列車です。3泊4日の「クルーズプラン」や、1泊2日の食事つき乗車プランなどがあります。2100系は、もと「アルファ・リゾート21」を改造した車両です。

富士急行・8500系

富士山ビュー特急

◀山梨県の大月と河口湖をおよそ45分でむすんで走っています。8500系は、もとJR東海の特急「あさぎり」につかわれた371系を改造した車両で、カフェレストランがもうけられ、「スイーツ列車」とよばれるなど、もとの列車と大幅にイメージがかわっています。

▶オリジナルのスイーツも味わえる1号車のカフェレストラン。

長野電鉄・2100系

スノーモンキー

▶長野と湯田中をむすんで走っています。名前は、雪の地獄谷温泉に群れで入ることで人気のニホンザルにちなんでいます。2100系は、もと「成田エクスプレス」として活やくしたJRの253系をつかっています。

東海・近畿の私鉄特急と観光列車

名鉄岐阜

名古屋
(近鉄名古屋・
名鉄名古屋)

パノラマSuper

奈良
(大和西大寺・
大和八木・名鉄奈良)

豊橋

大阪
(大阪難波・難波・
大阪阿倍野橋・
汐見橋)

京都

あをによし

しまかぜ

ミュースカイ

ラピート

ひのとり

中部
国際空港

こうや

青の交響曲

関西空港

橋本

天空

吉野

賢島

極楽橋

※それぞれ代表的な区間を示しています。

近鉄・50000系
しまかぜ

▼大阪・京都・名古屋と三重県の賢島をむすんで走っています。50000系は大きな窓がじまんの車両で、特に先頭車の前面は大きな6枚のガラスが組み合わされています。6両編成のうち、1両は2階建てのカフェ車両で、海側を向いた座席から景色をゆっくり楽しめます。

▲運転席の後ろは大きな展望を楽しめる特等席。

近鉄・80000系
ひのとり

▶大阪難波と近鉄名古屋をむすんで走っています。紫外線をカットする効果のある大きな窓や、リクライニングしたときに快適な「バックシェル」を全席につかうなど、快適性をもとめた車両です。

近鉄・16200系
青の交響曲

▶大阪阿部野橋と、桜で有名な奈良の吉野をむすんで走る観光特急です。沿線のものをつかった食事やスイーツ、沿線のことを知るライブラリーなどの楽しみがあります。

近鉄・19200系
あをによし

◀大阪・奈良・京都を乗りかえなしでむすんで走る観光特急です。「あをによし」は、美しい奈良の都のようすをあらわすむかしのことばです。19200系は近鉄で長く活やくした12200系を改造してつくられました。

▶向かい合わせの2席と窓側に向いた2席が特ちょうの「ツインシート」。

南海・50000系
ラピート

▶大阪のなんばと関西空港を40分ほどでむすんで走っています。名前は「速い」という意味のドイツ語からきています。50000系はロボットのような先頭車と客席の丸窓が特ちょうです。

南海・31000系
こうや

▶大阪のなんばと高野山の玄関口にある極楽橋をむすんで走ります。31000系は、急な坂が連続する高野山の山岳区間に対応した車両で、ほかに30000系も活やくしています。

南海・2200系
天空

◀高野山のふもとにある和歌山県の橋本と極楽橋をむすんで、急な坂の区間を走っています。2200系はもと南海高野線で活やくした22000系を改造した車両です。

名鉄・2000系
ミュースカイ

▶名鉄名古屋や名鉄岐阜などと中部国際空港をむすんで走っています。先頭車には中部国際空港をしめす「centrair」の文字をかかげています。2000系はカーブでの高速走行がじまんの車両です。

名鉄・1200系
パノラマ Super

◀おもに名鉄岐阜と愛知県の豊橋をむすんで走っています。1200系は、先頭車の大きな窓からの景色を楽しめるハイデッカー展望席がじまんのひとつです。

電車の図鑑❷ 特急列車

さくいん

列車名については、写真で紹介しているページを示しています。

● 監修
坂 正博 さか まさひろ
1949年兵庫県生まれ。東京都在住。『ジェー・アール・アール』の編集を担当し、日本全国の鉄道をくまなく自身の足で取材。著書に『JR気動車客車編成表』『列車編成席番表』『普通列車編成両数表』など多数。

● 写真
松本正敏 まつもと まさとし
1962年京都府生まれ。東京都在住。レイルウェイズグラフィックから1997年に独立。機関車を中心に、全国の「鉄道のある風景」を撮り歩くほか、鉄道模型の写真を雑誌に発表中。日本写真家協会（JPS）、日本鉄道写真作家協会（JRPS）会員。

● 構成・文
鎌田達也（グループ・コロンブス）

● 装丁・デザイン
村﨑和寿（murasaki design）

● イラスト
鶴田一浩

● 校正
滄流社

● 写真提供・協力
JR各社
株式会社エリエイ

※この本のデータは、2024年10月現在のものです。車両や運行状況などは変わる場合もあります。

NDC680
さかまさひろ
坂正博
でんしゃ ず かん
電車の図鑑2
とっきゅうれっしゃ
特急列車
あかね書房　2025年　47p　31cm×22cm

電車の図鑑❷
特急列車

2025年4月6日　初版発行

監修　　坂 正博
発行者　岡本光晴
発行所　株式会社あかね書房
　　　　〒101-0065
　　　　東京都千代田区西神田 3-2-1
　　　　電話　03-3263-0641（営業）
　　　　　　　03-3263-0644（編集）
　　　　https://www.akaneshobo.co.jp
印刷　　吉原印刷株式会社
製本　　株式会社難波製本

ISBN978-4-251-09744-6

この列車わかる？

列車が大集合！ 写真はどの路線、または何という列車かわかりますか？

（下にしめした巻とページを見て、こたえ合わせをしましょう）

▶2巻21ページ

▶1巻33ページ

▶3巻8ページ

▶2巻32ページ

▶1巻39ページ

▶2巻41ページ

▶1巻21ページ

▶3巻12ページ

▶3巻17ページ

▶1巻25ページ

▶3巻9ページ

▶3巻16ページ

▶2巻43ページ

▶1巻20ページ

▶1巻39ページ

▶2巻9ページ

▶3巻10ページ

▶2巻25ページ

▶2巻40ページ

▶3巻26ページ

▶1巻9ページ

▶2巻29ページ

▶3巻40ページ